27

n. 11915.

NOTICE

SUR M. LE CHANTEUR,

Commissaire Principal de la Marine,

SUIVIE

D'actes inédits relatifs aux siéges

DE FLESSINGUE ET D'ANVERS

En 1809 et 1814.

NOTICE

SUR

M. LE CHANTEUR,

COMMISSAIRE PRINCIPAL DE LA MARINE,

SUIVIE

D'actes inédits relatifs aux siéges

De Flessingue et d'Anvers,

EN 1809 ET 1814.

PAR

M. Edouard THIERRY.

———

CHERBOURG,

IMP. DE THOMINE, rue Napoléon, 4.

1848.

NOTICE

SUR

M. LE CHANTEUR,

Commissaire principal de la Marine.

———

Je raconte une vie honorable, pleine de travaux utiles, dont le loisir fut encore actif et noblement occupé. Les hommes passent, ceux-ci avec plus de bruit, ceux-là avec plus de calme, les uns plus brillants, les autres meilleurs. Celui dont je parle a été des meilleurs. Il a bien rempli de longs jours. Il a vécu pour son pays, pour sa famille, pour ses amis, et après qu'il se fut dévoué à tous, Dieu lui accorda de vivre enfin pour lui-même, méditant sur l'heure mystérieuse où l'âme qui sort du temps entre dans l'éternité.

Jean-Pierre Le Chanteur naquit à Saint-Pierre-Azif (Calvados), le 5 avril 1760. Près de Saint-Pierre-Azif se trouve le bourg de Beaumont. Les pères bénédictins y avaient alors un collége. Le jeune Le Chanteur en suivit les cours, et il eut pour condisciple Laplace, l'immortel auteur de la *Mécanique Céleste*.

A dix-huit ans, l'élève des Bénédictins venait d'achever ses études. Le collége exerce une dangereuse séduction sur les généreuses intelligences. Il les nourrit dans la familiarité des grands écrivains, et les entretenant du beau, il les détache d'avance de ces professions moins libérales qui attendent cependant le plus grand nombre. Une vocation secrète appelait Le Chanteur vers les beaux-arts, mais une fortune bornée ne permettait pas à sa famille de lui laisser suivre cette voie hasardeuse. D'ailleurs son père était lié avec M. Mistral, inten-dant de la marine au Havre, qui offrait de s'at-

tacher le jeune Le Chanteur en qualité de secrétaire. Il partit donc pour le Havre le 1er avril
1778. Trois ans après, le 1er novembre 1781,
il passait au port de Cherbourg en qualité de
commis entretenu de la marine, pour être nommé sous-contrôleur le 1er octobre 1790, puis
chargé des fonctions d'agent maritime, le 22 mars
1794.

Le Chanteur avait alors trente-quatre ans, une
position acquise, un plus bel avenir; il épousa
Mlle Blondel, petite-fille de M. de Pontaumont,
conseiller du roi à l'ancien présidial du Co-
tentin. C'était une de ces unions deux fois heu-
reuses que forment de concert le cœur avec la
raison, ce fut une des grandes joies, la plus grande
sans doute de cette douce vie. Le Chanteur eut
une compagne dévouée pour supporter avec lui le
coup qui le frappa, lorsque le directoire exécutif,
en décembre 1797, le suspendit de ses fonctions
comme suspect d'incivisme, et une compagne toujours aimante, pour se réjouir avec lui de la bonne
nouvelle que le même directoire le réintégrait à
son poste, en juillet 1798.

Cependant la Flandre était devenue province française. Le 27 décembre 1800, Le Chanteur fut destiné pour Anvers afin d'y organiser le service de l'inscription maritime; œuvre difficile chez un peuple, nouvellement soumis à nos armes, et dont les intérêts commerciaux repoussaient une législation toute exceptionnelle; cependant M. Le Chanteur ne fut pas au dessous de sa tâche. Il la remplit avec cet esprit de conciliation qui ôte l'aigreur à la résistance, et avec cette fermeté qui sait la vaincre en le fatiguant.

On me pardonnera de multiplier les dates. Le 10 avril 1805, M. Le Chanteur fut envoyé en mission à Helvoët-Sluys pour y opérer le désarmement de l'expédition de la Louisiane, et pour diriger sur Flessingue et sur Dunkerque tout le matériel laissé à Helvoët-Sluys par les frégates la *Libre* et la *Furieuse*.

De retour à Anvers, un nouveau travail l'attendait. Ce n'était plus seulement le détail de l'inscription maritime, c'était en outre l'administration des bataillons de conscrits qui furent dirigés sur Anvers pour la création de l'arsenal de la marine; mais au milieu de ces soins toujours renaissants, le goût des beaux-arts s'était réveillé en lui. Anvers, riche des tableaux de deux écoles, lui offrait de nobles distractions. Ce que les affaires lui laissaient de loisir, il le donnait sans réserve à l'étude des maîtres flamands ou hollandais et à la recherche de leurs œuvres. Plus d'une belle toile dépérissait oubliée dans des lieux inconnus. Les couvents détruits en 1795, avaient livré de magnifiques tableaux à de malheureux brocanteurs. Achetés à vil prix, d'admirables peintures se perdaient au fond de plus d'un grenier; M. Le Chanteur était devenu membre honoraire de l'académie de peinture d'Anvers, il se mit à fouiller ces taudis pleins de chefs-d'œuvre et pleins de misère. Il fallait l'œil d'un amateur pour reconnaître des chefs-d'œuvre dans ce pêle-mêle de meubles et de cadres. M. Le Chanteur les reconnut, et sa pieuse générosité put faire des dons d'une riche valeur aux lieux où étaient ses meilleurs souvenirs.

C'est ainsi que l'église de Saint-Pierre-Azif (il y avait été baptisé) reçut un *Christ au Calvaire* de Jordaens, une *Adoration des mages* du même maître, une *Vierge* de Rubens, *Jésus-Christ apparaissant aux saintes femmes* par Lievens, un *Saint-Jérome* de Van-Helmont, deux *religieuses noires* par Van Cleef, et un *Christ* à volets dans le goût des peintres gothiques. (1)

Quelques années de sa première jeunesse s'étaient passées à Honfleur où son père était receveur des aides, il envoya à l'une des églises de cette ville: un *Portement de croix* par Jordaens, *Jésus au Jardin des Olives* par Erasme Quillyn.

Commissaire de l'inscription maritime à Cherbourg, des sauvetages de navires l'avaient appelé plusieurs fois au Rozel où il avait été accueilli avec une distinction marquée; il donna à l'église de cette commune la *Décollation de Saint-Jean*, *l'Adoration des mages*, *Saint-Marc*, *Saint-Luc*, *le Baptême de Notre-Seigneur*, un *Christ gothique*, *le Martyr d'un évêque*, tableaux sur toiles, de maîtres qui nous sont inconnus, mais que revendique à son honneur l'école flamande.

Ce goût si vif des arts ne détournait cependant pas M. Le Chanteur du détail minutieux des affaires. Un arrêté du premier consul, du 29 octobre 1803 l'avait chargé du service de l'inspection à Anvers. Il écrivit une *Notice sur la pêche maritime dans l'Escaut*, qui lui valut du ministre de la marine, une lettre de félicitations en date du 21 juillet 1806.

Le port de Flessingue avait pris une grande importance. Situé à treize lieues d'Anvers, au point où le bras occidental de l'Escaut se jette dans la mer du Nord, il était devenu l'arsenal supplémentaire où s'armaient les vaisseaux construits à Anvers. L'escadre de l'Escaut y stationnait presque constamment sous les ordres du vice-amiral Missiessy. Elle se composait des vaisseaux de haut-bord *l'Anversois,* (cap. Soleil); *le Charlemagne* (cap. Solminihac); *le Duguesclin* (cap. Baron de Saizieu); *le César* (cap. Moras); *le Dantzick* (cap. Van Berger); *la Ville de Berlin* (cap. Roquebert); *le Pultuck* (cap. Vandorkum); *le Dalmate* (cap. Le Jaulne); *l'Albanais,* (cap. Lhermite); la frégate *la Caroline* (cap. Billard); le brick *le Favori* (cap. Lebrettevillois), sans compter une foule de bâtiments légers, tels que canonnières, bâtiments de flottille de trois espèces, caïques, etc. Escadre considérable montée par 7660 hommes et commandée par 214 officiers. La solde était de 131,665 francs par mois, et les rations mensuellement délivrées, s'élevaient au nombre de 219,396. Un décret impérial du 26 avril 1808 nomma M. Le Chanteur commissaire impérial de la marine, et le chargea du service des armements et revues au port de Flessingue.

Sept mois après, Flessingue appartenait à la France. Le traité du 11 novembre 1808, conclu à Fontainebleau entre l'Empereur et le roi Louis son frère, cédait la ville et le port en toute propriété à l'empire. Le 5 février 1809, M. Le Chanteur fut envoyé en mission à la Haye et à Amsterdam pour s'entendre avec M. Van der Hem, ministre de la marine de Hollande, sur quelques détails d'exécution relatifs à la manière dont seraient traités les bâtiments hollandais dans la rade de Flessingue devenue rade française. Présenté au roi Louis, qui l'accueillit avec la distinction la plus flatteuse, M. Le Chanteur lui fit hommage d'un opuscule relatif à la pêche maritime dans l'Escaut, et le 20 mars 1809, il se vit chargé des fonctions de commissaire principal à Flessingue.

Cependant l'Angleterre préparait une grande expédition. L'Espagne se crut d'abord menacée, mais la jalousie britannique avait un autre dessein que celui d'inquiéter le roi Joseph sur son trône chancelant, c'était de ruiner les forces maritimes de la France, d'incendier l'escadre de l'Escaut, de brûler le chantier d'Anvers et de susciter des troubles contre nous dans la Hollande ainsi que dans la Belgique. Par ce moyen d'ailleurs nos éternels rivaux opéraient une diversion en faveur de l'armée autrichienne écrasée en Allemagne.

Le 29 juillet 1809, à la pointe du jour, les vigies de l'île de Walcheren, celles de la rive gauche de l'Escaut, signalèrent l'apparition de la flotte ennemie. Elle s'avançait à la hauteur de Dombourg, composée de 48 vaisseaux, dont huit armés en flûte, de 21 frégates, 35 corvettes, 25 bricks, 5 galiottes à bombes, 32 chaloupes canonnières et 150 bateaux plats.

Mais la biographie a ses limites étroites. Ce n'est pas à elle, c'est à l'histoire qu'il appartient

de raconter les fortunes diverses d'un siége de dix-
huit jours, énergiquement soutenu, quelqu'en ait
été le succès. L'arrêt du conseil de guerre qui con-
damna à mort le général Monnet poussa la ri-
gueur jusqu'à l'injustice. Le chagrin de l'Empereur
put être profond : il n'était pas accoutumé aux
défaites et la reddition de Flessingue déconcertait
ses vues sur l'avenir de la marine française; mais
le général Monnet avait fait son devoir. Les troupes
hollandaises combattaient alors en Espagne et en
Westphalie. Plus de troupes françaises dans la Belgique. Le roi Louis n'avait pu amener au secours
de Flessingue que sa garde et un petit nombre de
volontaires. Quelles troupes avait à sa disposition
le général Monnet ? Le 1er bataillon colonial, le
1er bataillon irlandais, un bataillon de déserteurs
rentrés, un régiment étranger désigné sous le
nom de 1er régiment de Prusse, 1,500 hommes,
dont quelques-uns désertèrent dès les premiers coups
de fusil, un détachement de canonniers français et
trois compagnies d'artillerie hollandaise. Français
et Hollandais, c'était là du moins des troupes d'é-
lite; mais quel petit nombre contre les forces dé-

cuples de l'ennemi! Ajoutez la fièvre des polders, qui règne presque continuellement à Flessingue, et qui sévissait alors, irritée pour ainsi dire par les vapeurs de l'incendie, par les exhalaisons des cadavres à peine enterrés sous les sables.

La ville s'écroulait sous les bombes, les fusées à la Congrève attachaient la flamme aux édifices qui s'affaisaient avec fracas. La charpente d'une église, convertie en hôpital, avait écrasé 500 blessés dans sa chûte. 247 maisons, 2 églises, l'hôtel-de-ville, un chef-d'œuvre d'architecture, avaient été détruits, les canonniers exténués de fatigue ne pouvaient plus répondre au feu des assiégeants, les femmes et les enfants remplissaient la ville de leur désespoir; non, le général Monnet ne fut pas coupable; mais l'Empereur ne voulait pas que la France invincible parût compter elle-même avec la fortune, et il aimait mieux déclarer à la face de l'Europe qu'il y avait un crime là où il y avait un revers (2).

Ce que l'on put reprocher au général Monnet, c'est de n'avoir pas envoyé dès le commencement à Middelbourg les vieillards, les femmes et les

enfants de Flessingue, c'est surtout, car la place
n'aurait pas moins succombé, de n'avoir pas envoyé
le brave général Osten pour discuter avec l'ennemi les articles de la capitulation. Celui-là du
moins n'aurait pas plus lâché pied dans une con-
férence que sur le champ de bataille. Guerrier in-
trépide, cœur de héros, taille de géant, le général
Osten aurait dit aux deux généraux anglais :
« Nous sommes 4,000 soldats, nous ne voulons pas
» être vos prisonniers, laissez-nous rentrer en Fran-
» ce, autrement nous irons chercher la mort dans
» vos carrés, et Dieu sait si nous mourrons sans
» vengeance ! » Mais ni le général Osten, ni le
chef d'état-major Weikel ne furent consultés. Deux
jeunes officiers, M. Levêque, capitaine du génie,
M. Moutonnet, capitaine d'artillerie, furent chargés
de négocier avec les délégués anglais, le capitaine
de vaisseau Cockburn, et le colonel Long, adjudant-
général. Hardis au combat, timides dans ces luttes de
paroles, nos deux parlementaires subirent l'ascendant
que prit aisément sur eux l'âge des parlementaires anglais, leurs grades supérieurs, leur jactance même. Ils
discutèrent avec le sentiment de la défaite et ne

purent rien obtenir. Aux termes de la capitulation la garnison reçut les honneurs de la guerre ; mais les soldats demeurèrent prisonniers pour être conduits en Angleterre (3).

Les troupes françaises n'avaient jamais prévu cette dernière condition. A peine fut-elle connue, que la fierté nationale éclata en reproches et en violences. La garnison protestait à grands cris contre le traité. Elle voulait combattre jusqu'à la mort ; mais il n'était plus temps, les anglais occupaient déjà les portes de Flessingue. Quatre mille hommes mirent bas les armes et furent conduits à Terveere pour y être embarqués. Lord Chatam ne voulut pas même excepter les généraux et les officiers (4). Monnet et Osten furent dirigés sur le cautionnement de Litchfield. Le 18 août, vers dix heures du soir, M. Le Chanteur, avec sa femme et son fils encore enfant, s'embarqua sur le vaisseau *Revenege*, débarqua à Portsmouth le 31 août, et arriva le 2 septembre au cautionnement de Bishopswaltham, dans le Hampshire.

Si les égards, si l'hospitalité prévenante, pou-

2

vaient consoler de l'exil, **M. Le Chanteur** aurait pu aimer Bishopswaltham pour les soins affectueux des autorités anglaises, et pour les amitiés nouvelles qu'il venait d'y contracter avec plusieurs généraux prisonniers comme lui; mais la prise de Flessingue lui avait laissé au cœur une tristesse ineffaçable. La fatigue du siége, mille émotions et mille dangers, sa maison trouée de 25 boulets, la mort partout présente et partout affrontée, sa sollicitude pour sa femme et pour son fils, avaient d'avance épuisé ses forces; une maladie le mit aux portes du tombeau. Quand il revint à la santé, il se rappela le temps où libre lui-même, il avait pu rendre à la terre natale des exilés victimes de la guerre. C'était en 1800, un corsaire de Cherbourg, le *Vendangeur*, commandé par le vaillant capitaine Frédéric Quoniam, de Cherbourg, avait capturé dans la Manche un navire anglais, le *Georges-Marie*, de Cowes, où se trouvaient plusieurs officiers anglais venant de l'Inde. **M. Le** Chanteur était alors chargé du service des prisonniers de guerre. Il accueillit avec une parfaite cordialité les passagers du *Georges-Marie*, qui con-

servèrent d'ailleurs tout ce qu'ils possédaient,
reçut le colonel Thomas Scott, le frère de
l'illustre romancier, partagea sa maison avec lui
et obtint bientôt que le colonel pût revoir son
pays par voie d'échange. La fortune avait inter-
verti les rôles. M. Scott était major général
à Edimbourg, et M. Le Chanteur était prisonnier. Le prisonnier écrivit à son ancien hôte,
qui saisit avec empressement l'occasion d'acquitter
une dette d'honneur. La lettre était du 10 janvier
1810, la réponse arriva le 30, pleine de cordialité,
pleine de promesses positives, et, le 22 du mois
suivant, un passe-port signé des commissaires du
Transport-Office, à Londres, autorisa M. Le
Chanteur à venir en France.

La traversée fut rude. Le bâtiment anglais (il
s'appelait la *Fortune*), essuya un terrible coup de
vent, on manqua de vivres; mais qu'importe à qui
sent déjà souffler de loin l'air de la terre natale?
M. Le Chanteur débarqua à Morlaix, se rendit
aussitôt à Paris et y vit le ministre de la marine.
Celui-ci croyait devoir imiter le mécontentement de
l'Empereur; c'est la suite ordinaire des choses. Il

s'essayait à tenir aux officiers de la marine, le même langage que tenait Napoléon aux officiers du département de la guerre, et il adressa quelques reproches à **M. Le Chanteur** au sujet de la capitulation de Flessingue. **M. Le Chanteur** se justifia aisément. De tous les articles de la capitulation, un seul avait été connu de lui. Il avait obtenu d'y faire comprendre les archives et rôles d'équipage de Flessingue qui furent remis à Anvers, en septembre 1809. D'Anvers transportés à Brest, ces archives sont aujourd'hui les seuls documents officiels qui constatent les services des marins de l'ancienne escadre de l'Escaut, les seuls qui établissent leurs droits à la pension de retraite. Ainsi **M. Le Chanteur** avait été prévoyant jusqu'au bout et dans un acte auquel il était resté étranger. Il avait bien mérité d'une grande partie de la flotte française; mais le ministre n'était pas encore disposé à revenir de son dépit officiel. **M.** Le Chanteur lui présenta une note relative aux pertes qu'il avait essuyées durant le siége. On avait indemnisé les habitants hollandais de Flessingue; le chef maritime ne reçut que des réponses évasives. La mauvaise humeur est quelquefois aussi un moyen d'administration ; cependant M. Le Chanteur fut destiné à continuer ses services à Anvers. Il partit de Paris le 1ᵉʳ mai 1810.

Mais l'astre de l'Empire inclinait vers le couchant. M. Le Chanteur allait voir de nouveau la guerre obsidionale. Anvers fut assiégé comme l'avait été Flessingue. Seulement un homme entra dans Anvers qui fut à lui seul presque une armée. C'était le général Carnot, soldat illustre et grand homme de bien. Le jour même où il prit le commandement d'Anvers, gouverneur nommé à la place du duc de Plaisance, les anglais avaient battu à Merxhem le général Ambert, ils l'avaient repoussé jusque sous le canon de la citadelle ; le général Carnot ne désespéra pas du salut d'Anvers. Les bombes allaient pleuvoir avec l'incendie, il se mit en mesure avec l'incendie et s'apprêta à éteindre le feu partout où il se manifesterait. La place pouvait être affamée, elle pouvait être vendue à l'étranger, pillée même par ces hommes sans aveu, qui n'ont pas de patrie, il fit sortir d'Anvers tous les gens qui ne justifiaient pas de moyens réguliers d'existence ; les troupes n'étaient plus soldées faute d'argent, il frappa une monnaie de siége avec les cuivres de la marine.

La nuit vint; les alliés établirent leurs batteries incendiaires qui commencèrent à jouer le lendemain et se couronnèrent de feu durant trois jours; mais l'artillerie de la place éteignit un à un tous ces cratères. Bientôt le dernier volcan ne donna plus de fumée, l'ennemi leva le siége et disparut; les troupes exténuées n'eurent pas la force de le poursuivre. (5)

C'était une victoire miraculeuse. Le siége d'Anvers avait duré quatre mois. Nous n'y avions que des bataillons réduits et délabrés, des recrues qui voyaient le feu pour la première fois, des conscrits qui n'avaient pas même l'uniforme lorsqu'ils marchèrent à l'ennemi; mais nul effort humain ne pouvait plus retarder la chûte de l'Empire. S'il n'eût fallu qu'un prodige, l'homme des prodiges en aurait accompli de nouveaux. Tout était dit. Paris venait de capituler. Anvers ouvrit ses portes à l'ennemi qui se présentait en allié. Suivant les termes des traités conclus, les puissances unies tirèrent au sort et partagèrent avec la France les vaisseaux de l'escadre de l'Escaut (6). Ainsi se dispersèrent les immenses munitions navales que l'Empire avait amassées dans les arsenaux d'Anvers. Ainsi périt un *milliard* libéralement prodigué pour d'autres espérances!

Une dépêche du 1er septembre 1814, rappela M. Le Chanteur à Cherbourg. Il s'y rendit le 31 décembre.

Les établissements de la marine à Cherbourg, lui durent l'exécution de plusieurs travaux. Toujours curieux des études qui élèvent l'esprit et de celles qui touchent encore à l'art puisqu'elles se tiennent comme lui entre deux termes, la nature et le beau, il créa pour l'hôpital maritime un jardin botanique. Non loin de là, un autre jardin entourait un étang qui s'étonna de baigner une île couverte de riants ombrages. L'île et l'étang ont disparu en 1841, dans les travaux entrepris pour l'agrandissement du port militaire.

Cependant la face des choses avait changé encore une fois. Ces prodiges de l'homme qui ne sauraient faire violence à la destinée, Napoléon les montrait à l'Europe. L'aigle prenant son essor de clocher en clocher s'était posé de nouveau sur le faîte des Tuileries. Le 22 mai 1815, M. Le Chanteur fut désigné pour se rendre à l'assemblée du champ de mai, comme membre de la députation de la marine (1).

Puis le règne des cent jours finit comme un coup de théâtre. La restauration attendait à la frontière, Louis XVIII se hâta de rentrer dans le palais de ses aïeux, comme si Louis XVI n'en avait pas été chassé par le massacre des Suisses, comme s'il n'en avait pas été chassé lui-même par le retour de l'île d'Elbe, comme si son frère et son neveu n'en devaient pas être chassés à leur tour par l'émeute victorieuse et changée en révolution. Après de telles vicissitudes, les esprits sérieux demandent à se recueillir. Ils ont besoin de sortir du mouvement; M. Le Chanteur sollicita sa retraite. Elle lui fut accordée le 12 novembre 1817; mais

(1) A la suite de cette solemnité, il fut compris dans un décret du 2 juin 1815 pour la décoration de la Légion-d'Honneur; mais le retour des Bourbons rendit de nul effet cette disposition.

comme il est de ces rares probités que respectent tous les gouvernements, et qu'ils s'honorent de reconnaître, la restauration ne voulut pas avoir méconnu dans M. Le Chanteur ni la religion du devoir, ni la France loyalement et courageusement servie, elle lui plaça sur le cœur la croix de chevalier de Saint-Louis.

M. Le Chanteur avait quitté Cherbourg en 1818. Il était venu se fixer à Paris pour y surveiller l'éducation de son fils, et ce soin nouveau lui semblait encore le meilleur de son existence. Vivre pour son enfant, vivre pour les douces joies du foyer, vivre pour l'affection d'une épouse, chrétienne et éprouvée dans des fortunes diverses, vivre pour l'intimité d'un petit nombre d'amis, il se demandait si ce n'était pas commencer à vivre. C'était sans doute recommencer; mais, on ne recommence avec bonheur que quand on a derrière soi une carrière dignement remplie, que quand on mêle au calme des jours présents la mémoire sereine des agitations passées, que quand la conscience se confronte sans trouble avec les ans qui ne sont plus et se promène toujours satisfaite des

bonnes actions aux bonnes pensées. M. Le Chanteur
aimait tous ses souvenirs parce qu'aucun ne lui
était un secret reproche. Il se complaisait avec eux.
Il avait vu bien des choses. Il s'était rencontré avec
bien des hommes, et avec presque tous ceux dont
le siècle a retenu les noms. Il en avait été connu,
c'est dire qu'il en avait été apprécié, et qu'il les
avait eus pour amis. Aussi sa conversation était-
elle pleine de charmes. Sa causerie était de l'histoire;
mais l'histoire n'a jamais eu cette grâce ni cette
indulgence. Il avait su le mal et n'avait retenu
que le bien. La douceur de son caractère s'était
répandue sur son esprit. Au-dedans, elle était
bienveillance, au-dehors politesse charmante.
Personne mieux que M. Le Chanteur n'a repré-
senté par ses côtés excellents ce qu'on appelle l'ancienne société française. Il en avait gardé la cour-
toisie, les simples et élégantes manières, la dis-
crétion, la réserve et la mesure. Il savait, ce que l'on
ne sait plus, parler aux femmes et aux vieillards,
aux hommes et aux enfants. Il trouvait dans la
délicatesse de son âme ces nuances diverses du
respect que l'on doit à la beauté, à la sagesse, à la

force et à l'innocence. Ses cheveux étaient blancs; mais il n'avait rien perdu de sa taille. Son geste était toujours digne et facile, sa démarche telle qu'il convient à un galant homme et à un homme qui a exercé le commandement. Lorsqu'il reprenait le grand uniforme, le frac brodé avec l'épée, on reconnaissait le brillant commissaire de la marine de Flessingue et d'Anvers, l'ami de Monnet, d'Osten et de Malouet, peut-être plus encore l'ami de Dumouriez; il quittait l'habit de cour, et il redevenait le causeur sans prétention, l'ami affectueux, le savant naïf, l'amateur patient et curieux, l'infatigable collectionneur à la recherche d'un elzevir ou d'un tableau de l'école flamande.

Il habitait Paris, mais sa pensée se partageait entre Paris et Cherbourg. Cherbourg le revoyait souvent, il aimait à y retourner auprès de son frère contrôleur de la marine. Lorsque l'âge plus avancé lui défendit les fréquents voyages, il y revint pour s'y éteindre au milieu de ses souvenirs présents autour de lui. Dieu lui épargna la douleur. Il ne lui envoya pas la mort, il lui retira doucement la vie. M. Le Chanteur a cessé de vivre le 14 février 1846, âgé de 85 ans, 10 mois et 10 jours. Sa tombe est dans le cimetière de Cherbourg. Un fils pieux, une épouse toujours aimée l'y ont confié à la terre qui le leur garde et montre au moins une pierre à leurs regrets. Puisse cette biographie leur rendre quelque chose de plus encore. Celui qui l'a écrite aurait voulu qu'elle reproduisit fidèlement une image dont aucun trait ne s'est altéré dans sa mémoire. Il regrette de ne pas avoir pu la faire passer tout entière de son cœur sur ce papier ; ceux qui ont aimé M. Le Chanteur auraient cru le revoir ; ceux qui ne l'ont pas connu auraient eu l'idée la plus parfaite de l'honnête homme aimable, et de la grâce exquise dans la sévère probité.

EDOUARD THIERRY.

Bagneux près Paris, août 1848.

NOTES.

NOTE 1.

Saint-Pierre-Azif (Saint-Pierre-es-Ifs) possède une charmante église, moitié romane, moitié gothique ; le chœur appartient au roman primitif : il est très bas, avec une porte latérale curieusement ornée. La nef est, au contraire, d'une grande proportion, et la tour qui se trouve sur le portail, se termine par un toît lombard, forme pittoresque, très rare dans notre contrée. La voûte du chœur est en pierre et présente des arceaux croisés. La voûte de la nef, en bois, porte sur deux murailles plates. Sur ces murailles, dépourvues d'ornements, sont accrochés plusieurs tableaux admirables, dus au brillant pinceau de Jordaëns. La magnificence du coloris, la pompe de l'ensemble, le moëlleux indécis des formes, l'incorrection des lignes de dessin, tout rappelle de suite les qualités et les défauts de la brillante école de Rubens. La plus importante de ces toiles est évidemment un *Christ au Calvaire*. Cette composition dans laquelle l'artiste a reproduit la grande scène qui termine le drame de la passion, ce moment terrible où le christ, après avoir dit *tout est consommé, jeta un grand cri et rendit l'esprit* ; cette composition frappe et saisit d'abord, par le profond sentiment d'harmonie dont elle porte l'empreinte. Le ciel est sombre et menaçant, une crainte surnaturelle se manifeste sur le dur visage des soldats romains, une douleur sans nom apparaît dans les regards résignés des saintes femmes, c'est l'instant où le *voile du temple se déchire* ou *la terre rend les morts*; la nature entière semble éprouver une horrible convulsion. Tout cela est écrit sur la toile, se sent, se voit, c'est une sublime page de l'évangile, copiée par un grand peintre. De l'autre côté, c'est une vierge tenant l'enfant Jésus dans ses bras, sujet jamais épuisé quand il est abordé par un artiste de génie. Cette toile pourrait, nous n'hésitons pas à le dire, être attribuée à Rubens lui-même. Il serait en effet, impossible, en comparant un sujet analogue de ce grand coloriste, de trouver dans la manière la plus petite différence. C'est bien là une vierge de Rubens, toute terrestre, toute charmante ; cet enfant Jésus est une de ces petites créatures toutes blondes, toutes roses, qui ne paraissent pas avoir la moindre prédestination au martyre, ainsi que le peintre de Catherine de Médicis les créait : comme idée, ce tableau est donc faux, ce n'est point la Marie de l'église catholique, ce n'est point ce Jésus de l'étable de Béthléem, ce n'est point l'enfant de l'évangile, que ses parents emportèrent en Egypte, lors du massacre ordonné par Hérode ; mais comme composition, nous ne savons rien de plus suave, de plus gracieux, de plus vivant que ce tableau. La troisième toile est un Saint-Jérôme: et c'est, dans un autre genre, un véritable chef-d'œuvre d'intelligence et d'exécution. Voilà les trésors qui se trouvent enfouis dans une humble église de campagne ; voilà les trésors qui sont confiés à la garde d'un curé qui regarde la vierge de Jordaëns de travers, et débarrasserait volontiers son église des admirables morceaux d'art qu'elle renferme, en haine des rares curieux qui viennent quelquefois les admirer! Sans l'intervention d'un homme de goût qui habite les environs de Saint-Pierre-Azif, ces toiles, que l'humidité des murs attaque déjà sourdement, allaient passer au badigeon de nous ne savons quel obscur barbouilleur de la localité. L'église de Saint-Pierre-Azif possédait autrefois trois remarquables tableaux qui se trouvent heureusement aujourd'hui appartenir à l'église Sainte-Catherine de Honfleur. Ils provenaient tous de la libéralité de M. Le Chanteur, qui était né à Saint-Pierre-Azif et qui en avait fait don à l'église où il avait été baptisé. Ils avaient été achetés à Anvers et étaient de la même école.

(Essai historique sur Honfleur et l'arrondissement de Pont-l'Évêque, par M. Labutte, pag. 255).

NOTE 2.

Le général de division Monnet, commandant supérieur de Flessingue, ordonna au général de brigade Osten qui commandait à Middelbourg, de se porter sur le camp de West-Kappel et d'y faire des dispositions pour empêcher le débarquement. Lo général Osten, ayant réuni 1200 hommes, s'avança avec eux et avec 4 pièces de canon sur le Brée-Zand où les anglais faisaient des préparatifs de débarquement. Le Brée Zand est une plage, en avant de dunes peu élevées, au nord de l'Ile. C'est là que l'escadre anglaise débarqua 18,000 hommes sous les ordres du général Dundas. Le brave Osten ne put arrêter un pareil débarquement, toutefois il défendit le terrain pied à pied et tua beaucoup de monde à l'ennemi. Se voyant débordé à la fois par la chaussée de Terveere et le chemin pavé de Serooskercke, il se replia d'abord sur Middelbourg, et plus tard sous Flessingue, où il était rendu le 31 juillet au soir. Le 1er août le général Rousseau, commandant supérieur du pays de Cadzand, prévoyant la position difficile dans laquelle Flessingue allait se trouver, profita d'un vent de sud pour y envoyer, sur des péniches qu'il avait à Breskens, un bataillon du 65e régiment, sous la conduite du chef de bataillon Bousmard. La traversée fut courte. Ce bataillon, noble débris du 65e régiment qui s'était couvert de gloire à Ratisbonne, fut placé, le jour de son arrivée, à trois heures du soir, en avant du faubourg du Vieux-Flessingue, à 600 mètres de la place, où il releva les troupes du général Osten, qui combattaient, depuis le matin, à découvert et corps à corps, contre les soldats anglais bien supérieurs en nombre. Avant la fin de ce même jour, le bataillon du 65e, fort de 600 hommes, comptait 150 morts. Cependant les gouvernements français et hollandais venaient d'être prévenus de la soudaine apparition des anglais sur les côtes de la Zélande. Le roi Louis en fut informé le 1er août. Il partit aussitôt pour se porter en avant d'Anvers avec sa garde et des volontaires. L'armée hollandaise combattait alors en Espagne et en Westphalie avec la grande armée. La Belgique était dégarnie de troupes françaises qui étaient victorieuses en Allemagne avec l'Empereur. Le 4 août le général Rousseau fit encore passer à Flessingue deux bataillons du 8e régiment provisoire, les 5 et 6 du même mois, un bataillon du 48e, venu d'Anvers, et un détachement de divers corps fort de 240 hommes. Tous ces passages réussirent parce que la flotte anglaise, qui avait débouché du Sloe, se tenait devant Ramekens, à l'embouchure du canal de Middelbourg, et ne s'était pas encore réunie aux bâtiments stationnés à l'ouest et en aval de Flessingue; mais après le 6 août, cette réunion ayant eu lieu pour achever le blocus de Flessingue, toute communication devint impossible. Les embarcations qu'on expédia tombèrent sur la ligne des chaloupes anglaises, qui, pendant la nuit, croisaient à l'entrée du port. Par lettres des 2 et 4 août M. Le Chanteur, chef maritime à Flessingue, rendit compte au Ministre de la marine des opérations de l'ennemi et des mesures qu'il avait prises pour mettre réglementairement à la disposition de la guerre tous les établissements et munitions maritimes. Du 3 au 8 août, l'ennemi construisit des batteries devant la place, et retrancha sa ligne de contrevallation, pendant que les troupes de la garnison, sous les ordres de l'infatigable général Osten, continuait à livrer au dehors des combats meurtriers. Le rempart tirait sans interruption comme sans avantage sur tous les points où l'on remuait de la terre. La batterie ennemie, qui, par son étendue et son commandement, devait le plus inquiéter les assiégés, était établie sur la dune dite du *Noll*, en saillant de la digue de mer, en aval et à 900 mètres de la place. Elle n'était point encore complétement armée; mais le général Monnet supposant au contraire qu'elle était prête à jouer, résolut de la faire enlever et ordonna une grande sortie pour le 8 août au point du jour. Flessingue n'ayant ni chemin couvert ni ouvrages extérieurs, les troupes furent rassemblées derrière les courtines; on déboucha par les deux ponts jetés sur le fossé qui entoure la place du côté de la terre, et l'on fit une fausse attaque sur la chaussée de Middelbourg. L'ennemi ne résista point à ce premier choc. Ses avant-postes furent culbutés et passés au fil de la bayonnette; mais il découvrit bientôt le but de la sortie et porta au Noll ses meilleurs bataillons et sa réserve, et là les Français, toujours commandés par le brave Osten, eurent à soutenir, contre des forces décuples, un combat opiniâtre et sanglant. Il était impossible d'emporter la batterie du Noll, on s'y acharna cependant et les grenadiers du 48e parvinrent jusque sur l'épaulement, enclouèrent quelques canons et s'y firent tuer jusqu'au dernier. Enfin, après des prodiges de valeur, le général Osten dut songer à la retraite, qui devenait difficile à une si grande distance de la place. Elle s'effectua en bon ordre. Les anglais poursuivirent à peine l'arrière-garde; quelques blessés seulement restèrent en leurs mains. De leur aveu, leur perte s'éleva à 1,500 hommes. Les français eurent 800 tués. Le bataillon du 48e avait été le plus maltraité, sa compagnie de grenadiers était détruite entièrement. Cette affaire brillante et malheureuse tout à la fois, devait décourager les assiégés dont le nombre diminuait chaque jour. Les troupes n'avaient point compris d'abord pourquoi on les lançait sans cesse contre la ligne ennemie; plus tard elles s'imaginèrent que la persévérance que le général Monnet mettait à renverser les travaux des batteries provenait de la crainte dans laquelle il était de les voir commencer le feu, et, par suite de cette réflexion, les officiers subalternes, principalement les étrangers, furent persuadés que la place par elle-même n'était pas tenable, et que sa défense ne pourrait être prolongée pendant le bombardement. Le 13 août, au matin, les anglais démasquèrent devant Flessingue six batteries, armées de 14 mortiers, 16 obusiers et 10 pièces de canon de 36, opposées aux batteries du rempart dites le *Witte-Maur*, et le *Platten-Dick*. Le général Monnet fit rompre la digue de mer, en amont, à 250 mètres du batardeau du fossé; mais l'eau ne trouva

pas d'issue vers l'intérieur de l'île parce que le flux
en cette saison ne s'élevait pas à la hauteur du sol.
Huit vaisseaux dont un de 80, s'étaient embossés à
1,800 mètres de l'entrée du port de Flessingue et
firent contre la place un feu très vif auquel on ne
put répondre de ce côté-là. Le feu de terre et de
mer fut entretenu pendant 42 heures jusque vers le
milieu de la nuit du 14 au 15. Le général Monnet
ayant repoussé la sommation qui lui fut faite le 15,
le feu recommença dans la matinée de ce jour
avec la même vivacité de la part des assiégeants,
et très mollement du côté de la place. Les canonniers étaient exténués de fatigue, et les affûts se
trouvaient en grande partie hors de service. La
fièvre des polders faisait parmi la garnison d'affreux
ravages. Enfin les hostilités cessèrent tout-à-fait le
16 et la capitulation fut signée le même jour à quatre
heures du matin, bien qu'elle porte la date du 15.
Flessingue était une mauvaise place, sans autre
dehors qu'une flèche, et sans chemin couvert. Son
rempart de briques, non revêtu et d'un faible commandement, avait, pour être à l'abri d'insultes, un
fossé plein d'eau, de 36 à 40 mètres de largeur,
mais peu profond. Le seul bâtiment voûté à
l'épreuve était un magasin à poudre nouvellement
construit. Le gouverneur d'une telle place, en
résistant seize jours à l'attaque réglée de 25,000
hommes, satisfaisait sans doute à toutes les obliga-
tions qu'impose l'honneur. Mais si, dès le 30 juillet,

le général Monnet eût envoyé à Middelbourg les vieillards, les femmes et les enfants de Flessingue; si, mettant à profit les treize jours que les anglais employèrent à construire leurs batteries, il eût blindé sa manutention, ses magasins et l'arsenal de la marine; enfin s'il eût ménagé sa garnison, au lieu de la compromettre en rase campagne contre des forces sextuples, sans doute les anglais, honteux d'avoir brûlé des maisons pour leur bon plaisir, auraient été forcés de rapprocher leurs batteries et de commencer un siége plus honorable et plus périlleux pour eux; mais la place n'en aurait pas moins succombé, parce que, privée de l'espoir d'être secourue, elle était à la merci d'un ennemi qui pouvait réparer ses pertes.

NOTE 3.

CAPITULATION.

S. Ex. Le général de division Monnet, baron de l'Empire et l'un des commandants de la légion-d'honneur, commandant supérieur de la place de

Flessingue, ayant autorisé M. Levêque, capitaine au corps impérial du génie, et M. Moutonnet, capitaine au corps impérial d'artillerie, commandant respectivement leurs armes en cette place, à traiter des conditions de la capitulation pour la reddition de ladite place aux troupes de S. M. Britannique; et L.L. Ex. le lieutenant général comte Châtam, chevalier de l'ordre de la Jarretière, et le contre-amiral sir Richard Stracham, chevalier de l'ordre du Bain, commandants des forces de terre et de mer devant Flessingue, ayant de leur côté autorisé M. Cockburn, capitaine du vaisseau de S. M. Britannique le Belle-Isle, commandant de la flottille, et M. le colonel Long, adjudant général, pour traiter conjointement avec lesdits commissaires. Après avoir fait l'échange de leurs pouvoirs, ils sont convenus entre eux des articles suivants ;

SAVOIR :

Art. Ier. (Proposé).

La garnison de Flessingue sera prisonnière de guerre. Elle sortira de la place avec tous les honneurs de la guerre, déposera ses armes sur le quai de la Porte-d'Eau, sera renvoyée en France sur parole et ne pourra, pendant un an, porter les armes contre S. M. Britannique, ou les alliés qu'elle peut avoir au moment de la capitulation. Cet article est applicable aux officiers de marine qui se trouvent actuellement dans la place de Flessingue.

Art. Ier. (Arrêté).

Il sera permis à la garnison de Flessingue de sortir
de la ville avec les honneurs demandés. Elle mettra
bas les armes sur le glacis ; mais elle sera considérée
comme prisonnière de guerre et envoyée comme telle
en Angleterre. Les officiers de marine partageront le
sort de la garnison.

Art. II. (Proposé).

Les officiers généraux, d'état-major, de la marine,
et des corps qui composent la garnison conserveront
leurs armes, leurs chevaux et tous les effets qui leur
appartiennent. Les sous-officiers, soldats, marins et
domestiques des officiers, conserveront leurs havre-
sacs.

Art. II. (Arrêté).

Accordé.

Art. III. (Proposé).

Les malades et blessés, susceptibles d'être évacués,
seront transférés en France; les autres malades seront abandonnés aux soins et à la loyauté de M. le
général commandant les troupes de S. M. Britannique, et évacués sur le territoire français, aussitôt que
leur état le permettra. Il sera laissé un nombre suffi-
sant d'officiers de santé pour le traitement de ces
malades. Ces officiers de santé recevront les mêmes
émoluments que ceux de S. M. Britannique.

Art. III. (Arrêté).

Les malades seront considérés comme prisonniers

de guerre; ceux qui sont en état d'être transportés seront embarqués avec la garnison. Les autres resteront confiés aux soins des officiers de santé français, jusqu'à ce qu'ils soient suffisamment rétablis pour pouvoir être transportés. Les officiers de santé recevront le traitement qu'on accorde ordinairement aux prisonniers de guerre de leur grade. Ils recevront en outre, en récompense de leurs soins pour les malades, la gratification qu'il plaira au général en chef de l'armée Britannique de leur accorder.

Art, IV. (Proposé).

Les non-combattants, tels que le chef maritime, le commissaire des guerres, le sous-inspecteur aux revues, les officiers de santé, les préposés des différents services administratifs ne seront point considérés comme prisonniers de guerre. Ils pourront disposer de leurs effets et propriétés et les emporter en France ainsi que les pièces, rôles, registres relatifs à leur comptabilité pour justifier de leurs services ou gestions au gouvernement de S. M. l'Empereur et Roi.

Art, IV. (Arrêté).

Les officiers et autres mentionnés dans cet article, les employés à la suite de l'armée française, et en un mot les français de toutes classes qui ne seront pas habitants de Flessingue avant l'année 1807, seront envoyés en Angleterre et y seront traités suivant l'arrangement qui pourra être pris entre les deux gouvernements. A l'égard des non-combattants, leurs propriétés particulières seront respectées. Ils auront la faculté de garder tous les papiers nécessaires au réglement de leur comptabilité ou service. Tous les français et autres prêteront serment d'obéissance à S. M. Britannique, lorsqu'ils en seront requis, et se conformeront à toutes les lois ou réglements qui pourront être établis par le gouvernement britannique.

Art. V. (Proposé).

S'il n'a été fait aucune stipulation particulière concernant les malades laissés à Middelbourg, aux officiers de santé, aux employés de l'hôpital, ils seront traités d'après les articles 3 et 4 de la présente capitulation.

Art. V. (Arrêté).

Accordé conformément aux réponses faites aux articles 3 et 4.

Art. VI. (Proposé).

Les propriétés des habitants seront respectées. Il sera libre auxdits habitants de se retirer en France avec leurs propriétés particulières. Il leur sera accordé toute sûreté à cet égard. Ils ne pourront en aucune manière être inquiétés pour leurs opinions et la conduite qu'ils ont tenue pendant le siége.

Art. VI. (Arrêté).

Les propriétés des habitants de toutes classes seront respectées. Il est entendu que tous les approvisionnéments qui pourraient servir, tant pour l'armée navale que pour celle de terre, seront tenus en réquisition jusqu'à ce qu'il soit prouvé que ce sont les propriétés personnelles des particuliers, et le gouvernement anglais, dans ce cas, aura la liberté de faire usage de ces objets, en en payant la juste valeur aux propriétaires. Tous les habitants qui auront le désir de retourner en France, le feront connaître huit jours après la ratification de la capitulation. Il leur sera permis de partir dans un délai déterminé par le commandant en chef anglais. Aucun habitant ne sera inquiété pour ses opinions et sa conduite antérieure.

Art. VII. (Proposé).

Il sera accordé par les commissaires anglais et aux frais de leur gouvernement, les voitures et bateaux nécessaires pour transporter de la place de Flessingue sur le territoire français, les malades, les bagages et les effets des officiers. Ces derniers ne pourront être visités. Il leur sera accordé toute sûreté pendant le passage.

Art. VII. (Arrêté).

Toutes les dépenses pour le transport de la garnison française, des malades etc., avec les bagages, seront payées par le gouvernement britannique.

Art. VIII. (Proposé).

S'il survient quelques difficultés dans l'interprétation des articles, elles seront levées par les commissaires soussignés, et autant que possible à l'avantage de la garnison.

Art. VIII. (Arrêté).

Accordé.

Fait à Flessingue le 15 août 1809.

Signé : Cockburn, A. Long, F. Moutonnet, G. Levêque.

ARTICLES SUPPLÉMENTAIRES.

Art. Ier.

Il est convenu entre les commissaires soussignés que les magasins de l'artillerie et du génie, les approvisionnements de guerre de toutes les espèces, ainsi que les cartes, plans, mémoires, etc., relatifs aux propriétés publiques, seront remis sur inventaire par des commissaires désignés par M. le général Monnet, à ceux nommés par M. le général anglais.

Art. II.

Il est également convenu qu'aussitôt l'échange des ratifications des deux généraux en chef, les portes

de la ville et les écluses seront occupées par des dé-
tachements de l'armée britannique. Les troupes
françaises évacueront la place à midi, le 17 courant.

Art. III.

Il est de plus convenu que cette capitulation sera
ratifiée par les commandants en chef des deux armées
et que les ratifications seront échangées aujourd'hui
à minuit, aux avant-postes français, sur la route
de Middelbourg. En cas contraire, la présente capitulation et la suspension d'armes seront regardées
comme non-avenues.

Fait à Flessingue, le 15 août 1809.

Ratifié et approuvé par nous, Signé : Chatam,
R.-G. Stracham, Monnet.

Pour copie conforme :

Le chef d'état-major, P. I.
Signé : Petrezzoli.

NOTE 4.

LISTE des officiers faits prisonniers de guerre à Flessingue par suite de la capitulation du 15 août 1809, avec l'indication des cautionnements sur lesquels ils ont été dirigés.

MM. Le baron Monnet, général de division, Litchefield ; Osten, général de brigade, idem ; Le Chanteur, chef maritime, Bishopswaltham; Weikel, chef d'état-major du général Monnet, Litchefield ; Gautier, colonel, Thame ; Thory, colonel commandant d'armes, Litchefield; Séries, chef d'escadron, aide-de-camp du général Monnet, Litchefield ; Bouis, chef de bataillon, idem; Petrezzoli, idem, idem ; Van Hove, idem, Ashby de la Zouche ; Bockman, idem, Litchefield; Obet, capitaine de frégate, Leck ; de Pirch, major, Litchefield ; Notaire-Granville, ingénieur des constructions navales, Leck ; Le Picard, ingénieur des ponts-et-chaussées, idem ; Ningelgen, idem des travaux maritimes, idem ; Levatois, capitaine d'infanterie, Thame ; Goussard, idem, id.; Maugenest, id., id.; Picardeaux, id., id.; Chartier, idem, idem ; Guillebaud, idem, idem; Delahaye, sous-inspecteur aux revues, France ; Aurousset, capitaine d'infanterie, Thame ; Bonabel, idem, idem ; Fromentin, adjudant-major, idem ; de

Prigny, sous-inspecteur de la marine, Bishopswaltham ; Lecoat de Kerveguen, capitaine d'artillerie de
marine, idem ; Roque, aide-de-camp du général
Monnet, Litchefield ; Desmarquais, idem, idem ; Le-
meusnier, idem du général Osten, idem ; de Joly,
payeur de la guerre, idem ; Tessier, capitaine au 1er
régiment colonial, idem ; d'Arnim, capitaine au 1er
régiment de Prusse, idem ; Gelibert, aide-de-camp
du général Osten, idem ; Seutin, capitaine de chas-
seurs déserteurs rentrés, Abresford ; Chatel, sous-
commissaire de la marine, Bishopswaltham ; Che-
villet, chirurgien-major de la marine, idem ; Anders,
capitaine au 1er régiment de Prusse, Litchefield ; de
Marconnay, capitaine d'infanterie, Ashby de la Zouche ; Duhamel, capitaine quartier-maître, Litchefield ;
Herwiel, capitaine d'infanterie, Abresford ; Le baron
Van Linkerstof, capitaine au 1er régiment de Prusse,
Litchefield ; Mac-Mahon, capitaine au 1er bataillon
Irlandais, ponton le Vétéran ; Aurange, capitaine
d'artillerie, Litchefield ; Sybille, capitaine au 1er régiment colonial, Ashby de la Zouche ; Heems, capitaine d'état-major, Abresford ; Darquier, chirurgien-major, Litchefield ; Lévêque, capitaine du génie,
idem ; Modestie, capitaine adjudant de place, idem ;
Leuwen, lieutenant de vaisseau, Ashby de la Zouche ;
Pagnon, capitaine au 1er régiment colonial, idem ;
Vallée, adjoint au major de la place, idem ; Frensid,
capitaine d'artillerie hollandaise, idem ; Millon, capitaine d'infanterie, Leck ; Le Febvre, idem, idem ; De-

launay, idem, idem; Charrière, idem, idem; Michon, capitaine de vétérans, idem; Moutonnet, capitaine d'artillerie, idem; Dupuy, capitaine d'infanterie, idem; Laliez, idem, Asborn; Krousse, chirurgien-major, idem; de Chamota, capitaine, idem; Strazinski, idem, idem; Labeaume, idem, Abresford; Gaillard, lieutenant d'infanterie, Thame; Picq, idem, idem; de Quesmy, idem, idem; Mesonan, idem, idem; Degay, enseigne de vaisseau, aide-de-camp du général Monnet, Litchefield; Momal, lieutenant d'infanterie, Ashby de la Zouche; Jamet, officier d'administration et secrétaire du général Osten, Litchefield; Rogovhki, lieutenant d'infanterie, Ashby de la Zouche; Motz, idem, Litchefield; Zboinski, idem, Ashby de la Zouche, de Castel, commis principal de la marine, idem; Le Pivain, commis de marine, Litchefield; Poullet, commis de marine, idem; Mauviel, idem, idem; Fleury, idem et interprète du général Osten, idem; Cognet, commis de marine, Ashby de la Zouche; Ogorman, idem, idem; Desfourneaux, idem, idem; Ganin, lieutenant d'infanterie, idem; Schring, idem, idem; Fourier, commis de marine, Litchefield; Leyrot, idem, Ashby de la Zouche; Obry, idem, idem; Segoing, idem, idem; de Collardin idem, idem; Jourdain, idem, idem; Serienne, officier d'administration, France; Wilten, lieutenant d'artillerie, Litchefield; Rocters, idem, Ashby de la Zouche; Du Puy, idem, idem; Van Meerderwoot, idem, idem; Van Vrée, idem, idem; Elbers, lieutenant d'infanterie, idem ; Baynel , idem, idem ; Ferassin, idem, idem ; Frequin, idem, idem ; Narings, lieutenant d'artillerie, idem ; Galloux, lieutenant du génie, idem ; Degand, idem d'infanterie, idem ; Ganelle, idem, Leck ; Bouchez, idem , idem ; Galant, idem, idem ; Précigout, idem, idem ; Habane, idem, idem; Lourde, idem, idem; Leblond, idem de vétérans, idem ; Maires, idem d'artillerie, idem ; Vériot, idem d'infanterie, Asborn ; de Montheureux, idem, idem ; Dobrzewinski, idem, Leck ; Dolibeau , idem d'artillerie. idem ; Duffort , idem d'infanterie, idem ; Homo, commis des subsistances de la marine, idem; Masset, officier d'administration, idem; Levavasseur, idem, idem; Liénard, idem, idem; Magnier, idem, idem; Rousseau, idem, idem; Verhulst, enseigne de vaisseau, idem ; Hinet, lieutenant des douanes, idem; Lapeyre, idem d'infanterie, idem; de Vleeschouwer, commis de marine, idem ; Monneret, idem, idem ; Calmel, idem, idem ; Beguin, idem, idem ; Van-Kosten, idem, idem ; Nilliot, lieutenant d'infanterie , idem ; Domergue , idem , Ashborn ; Dupré, idem, idem; Charpin, idem, idem ; Cellier, idem, idem ; Brion. idem, idem ; Beguinot, idem, idem ; de Lardonnoy, id., idem ; Wolff. id., id., Muller, idem, idem ; Grosse, idem, idem ; Straub, idem, idem; Heldrick, idem, idem; Geromski, idem, idem ; Viriot, idem, idem ; Van Dorth. idem, Ashby de la Zouche ; Dumoustier, commis de marine, Ponton le Vigilant ; de Kermadec, sous-lieutenant,

Thame ; Buble, idem, idem ; Suin , idem, idem ; Maressal de Marsely, idem, idem ; Bruneau, idem, idem ; Levaillant, idem, idem ; Verret, idem, idem ; de Champvallier, idem, idem ; Lecureur, idem, idem; Frossard, idem , idem , Clémence, idem, idem; Delval, idem, idem ; Darche, idem, idem ; Gueneret, idem , idem ; Moneveux , idem , Litchefield ; de Mesmé, idem, idem ; Pfening, idem, idem ; Welzer, idem, idem ; Manoski, idem, idem ; Mancille, officier d'administration, Abresford ; Schneider, sous-lieutenant, idem ; Hoffman, idem, Ashby de la Zonche ; Horty, idem, idem ; Metz, idem, idem ; Lory, enseigne de vaisseau, Litchefield ; Boyer, sous-lieutenant, Ashby de la Zouche; Sablayrolle, idem, idem ; Duamez, idem, idem ; Bacler d'Albe, idem, Leck ; Berge, idem, idem ; Vigier, idem, pris au fort Riou, Chesterfield ; Billiard, idem, Leck ; Langle, idem, idem ; Roussel, idem, idem; Canuet, idem, Litchefield ; Bourignon, idem, Ponton le Vigilant ; Nihet , secrétaire du sous-inspecteur aux Revues, Litchefiel; Mathieu, garde magasin de la guerre, id. ; Dumas, contrôleur des droits réunis , Ashby de la Zouche ; Fortin, adjoint aux travaux maritime, idem ; Gardin, idem des constructions navales, idem; Chasle, adjudant d'artillerie, Leck ; Masset, officier d'administration, idem ; Jazeron, chirurgien, France ; Behr, idem, idem.

A Fortune, le 28 février 1810.

L'agent des prisonniers de guerre, WODRIVE.

NOTE 5.

L'armée française en Belgique se trouvait pressée de front par les prussiens, du côté de la mer par les anglais, du côté de la Meuse par les Russes. Les places bâties pour interdire l'accès des ports des Pays-Bas étaient délabrées et sans garnison. Dans cet état de choses, il fallait couvrir à la fois Anvers et la Belgique. Le duc de Plaisance, aide de camp de l'Empereur, était alors gouverneur d'Anvers. Le général Maison commandait le corps d'armée en Belgique. Ne pouvant remplir littéralement les instructions qu'il avait reçues du ministre de la guerre, le général Maison se décida à agir dans leur esprit et à tenir la campagne avec un corps volant et à n'accepter jamais le combat à moins d'avoir toutes les chances en sa faveur. Afin de couvrir Anvers le général Maison divisa les corps de cavalerie et d'infanterie entre Hooghstraeten, Turnhout, Brecht, Donck, Braeschaet et Mercxem. Ces différents corps étaient commandés par les généraux Roguet, Desnouettes, Barrois, Ambert, Castex. Des escarmouches meurtrières se renouvelèrent chaque jour dans les localités que nous venons de nommer et qui forment la banlieue d'Anvers. On y perdit beaucoup de monde et d'excellents offiiciers. Parmi ceux-ci on doit citer le jeune et brave général Avy, qui fut tué à Mercxem, en combattant vaillamment contre les prussiens et les anglais, commandés par les généraux Bulow et Graham. Le général Maison, craignant de se voir enfermé dans Anvers, s'il continuait à rester devant cette place, préféra s'abandonner à ses propres forces et tenir la campagne avec les divisions Barrois et Castex, entre Bruxelles et la Meuse. Anvers se trouvait alors à l'abri d'une attaque de vive force, et l'escadre désarmée et blindée dans le bassin, n'avait plus rien à craindre d'un bombardement. Le camp rétranché qui couvrait les chantiers à droite de la cidatelle était abandonné, parce qu'il aurait fallu 20,000 hommes pour le défendre. Mais on avait retranché la digue de Saint-Ferdinand, Mercxem, le pont de Dames et le village de Deurne. Cette enceinte plus resserrée était proportionnée à la faiblesse de la garnison d'Anvers. C'est dans cette situation que le général prussien Bulow, vivement sollicité par le duc de Clarence, fit de nouvelles tentatives contre Anvers. A l'approche de l'ennemi, le duc de Plaisance, gouverneur d'Anvers, jeta la division Ambert à Braeschaet et à Schooten, avec ordre de ne se replier sur Mercxem, qu'à la dernière extrémité. Wyneghem, dont les retranchements étaient incomplets, fut évacué par la division Roguet dont les avant-postes furent placés à la hauteur du château d'Assch, sur la route de Deurne, observant celle de Schooten. Le pont du canal d'Herenthals fut fortement occupé; le colonel Vautrin fut posté à Berchem avec son régiment et 4 pièces. La brigade Flamand forma réserve à l'entrée du faubourg de Borgerhout, le reste des troupes de la garnison fut réparti dans l'intérieur d'Anvers. Les alliés, de leur côté, combinèrent leur mouvement d'attaque contre Wyneghem. Le 1er février 1814, vers huit heures du matin, le général prussien Thumen, chargé de l'attaque de front, se porta par la route de Belmont sur Deurne, où la brigade Aymar était placée en avant du parc de Rivine, à cheval sur la chaussée que battaient 10 bouches à feu. Trois fois il chercha à enlever d'assaut les bons retranchements derrière lesquels les français tiraient à coups sûrs, trois fois il fut repoussé. Mais enfin après six heures de combat, il marcha en force sur le pont de Schin qui n'était point couvert. Alors le général Aymar reçut ordre du duc de Plaisance d'abandonner Deurne qui était en feu, et de s'établir en avant de Borgerhout. — Nos bataillons en retraite furent assaillis à bout portant par une nuée de tirailleurs qui se rabattirent sur la droite en avant d'un marais, précédant une forte masse qui débouchait du pont. Alors le général Roguet fit exécuter fort à propos une charge de front par le chef d'escadron Bricqueville, à la tête de cent lanciers, en même temps qu'il faisait aborder les flancs de cette colonne par deux bataillons. Les prussiens furent culbutés et rejetés au pas de charge, jusqu'au-delà de Deurne. Leurs tirailleurs, coupés, essayèrent de se sauver en traversant le marais qui paraissait gelé ; mais ils s'y noyèrent. Le reste fut pris. — Deurne resta aux français. Vers la fin du jour, le général Ambert, en présence de forces décuples des siennes, fut forcé d'abandonner Braeschaet aux anglais, et de se retirer à Mercxem, où il rallia trois bataillons placés à Schooten. Ceux-ci avaient soutenu un engagement assez chaud contre le général Krafft, dont la marche fut favorisée par l'évacuation de Wyneghem qu'il était chargé de prendre de revers. Le général Oppen, qui avait la même mission, se dirigea par la route de Herensthals ; mais il ne put franchir le canal, et fut arrêté au pont toute la journée par une seule compagnie retranchée. Le colonel Vautrin repoussa une fausse attaque faite contre Berchem par le général Borstell, qui voulut ainsi masquer son mouvement sur Malines. Les alliés n'étant pas encore assez près pour bombarder Anvers avec espoir de succès, résolurent une attaque générale pour le lendemain. Au point du jour le feu commença sur toute la ligne. Le général Ambert résista à un premier assaut ; mais vers dix heures du matin, accablé sous le nombre, il fut chassé de Mercxem, et repoussé par les anglais jusque sous le canon de la place. Les prussiens ne purent forcer le général Roguet sur les ponts de Schilde et le canal de Herensthals. Ce jour-là même, le général Carnot arriva à Anvers et remplaça le duc de Plaisance comme gouverneur. Il rappela dans la place la division Roguet et ne conserva au dehors que Berchem et Borgerhout comme avant-postes. Les alliés établirent pendant la nuit leurs batteries incendiaires, qui commencèrent à jouer le 2 février et continuèrent les 4 et 5. Mais l'artillerie de la place riposta avec tant de vigueur à celle de l'ennemi qu'il leva le siége et décampa le 6. Ces diverses opérations devant Anvers durèrent depuis le 8 octobre 1813 jusqu'au 6 février 1814. Anvers régorgeait de blessés. Les dames de la ville françaises et belges se dévouèrent pour aider le service de santé à les soigner.

NOTE 6.

ÉTAT du partage qui a eu lieu entre la France et les Alliés, des bâtiments flottants et en chantier existant au port d'Anvers.

Bàtiments armés qui sont restés à la France. -- Le Superbe, vaisseau de 74, le Conquérant, idem de 80, le Gaulois, idem de 74, l'Anversois, idem de

74, la ville de Berlin, idem de 74, le Pacificateur, idem de 80, le Trajan, idem de 74, le Commerce de Lyon, idem de 74, le Duguesclin, idem de 74, l'Ems, frégate de 44, l'Erigone, idem de 44, la Milanaise, idem de 44, la Vistule, idem de 44, le Hussard, brick de 18, l'Actéon, idem de 18.

Bâtiments armés tombés en partage aux alliés. — Le Tilsit, vaisseau de 80, l'Auguste, idem de 80, le Charlemagne, idem de 74, le César, idem de 74, la Vanderweff, fregate de 44.

Bâtiments désarmés qui sont restés à la France. — Le Dantzick, vaisseau de 74, l'Illustre, idem de 80, le Dalmate, idem de 74.

Bâtiments désarmés tombés en partage aux alliés. — Le Friedland, vaisseau de 80, l'Albanais, idem de 74, le Pulstuck, idem de 74, le Sapeur, brick de 18, l'Idas. cutter, les goëlettes nos 17, 18 et 19.

Bâtiments en chantier qui sont restés à la France. — Le Neptune, vaisseau de 110, avancé à $\frac{10}{24}$ 1/4. le Belliqueux, id. de 74, $\frac{17}{24}$ 1/4, l'Impétueux, id. de 74, $\frac{6}{24}$, l'Aigle, id de 74, $\frac{6}{24}$, l'Alcide, id. de 74, $\frac{6}{24}$, le Monarque, id. de 110, $\frac{18}{24}$ 1/2, l'Atlas, id. de 80, $\frac{8}{24}$, le Tibre, id. de 80, $\frac{8}{24}$, le Fougueux, id. de 80, $\frac{6}{24}$, Le Ruppel, frégate de 44, $\frac{5}{24}$, l'Inconstante, id. de 44, $\frac{8}{24}$ 1/2.

Bâtiments en chantier tombés en partage aux Alliés. — L'Hymen, vaisseau de 110, avancé à $\frac{18}{24}$ 1/2; le Terrible, id. de 110, $\frac{5}{24}$ 3/4; l'Alexandre, id. de 80; $\frac{14}{24}$ 1/2; le Mars, id. de 80, $\frac{6}{24}$; la Précieuse, frégate de 44, $\frac{5}{24}$ 1/2.

Anvers, le 22 août 1814.

Le Préfet maritime,

Cte de GOURDON.

Nota. On n'a pas fait figurer ici les canonnières, poones et autres petits bâtiments flottants qui étaient à Anvers et à Flessingue, et dont le partage a eu lieu à la même époque.